DU
SYSTÈME SOLAIRE

OU

TRAITÉ DES CORPS PLANÉTAIRES

CONSIDÉRANT

Les Lois et les Phénomènes célestes

PAR

J. SIBUT

Prix : 75 centimes

PARIS

Fᴰ DRIER ᴇᴛ Cⁱᴱ, ÉDITEURS

CONSTRUCTEURS D'INSTRUMENTS DE MATHÉMATIQUES

38, — Rue Turenne, — 38

1868

F° DRIER & C¹ᴱ, CONSTRUCTEURS

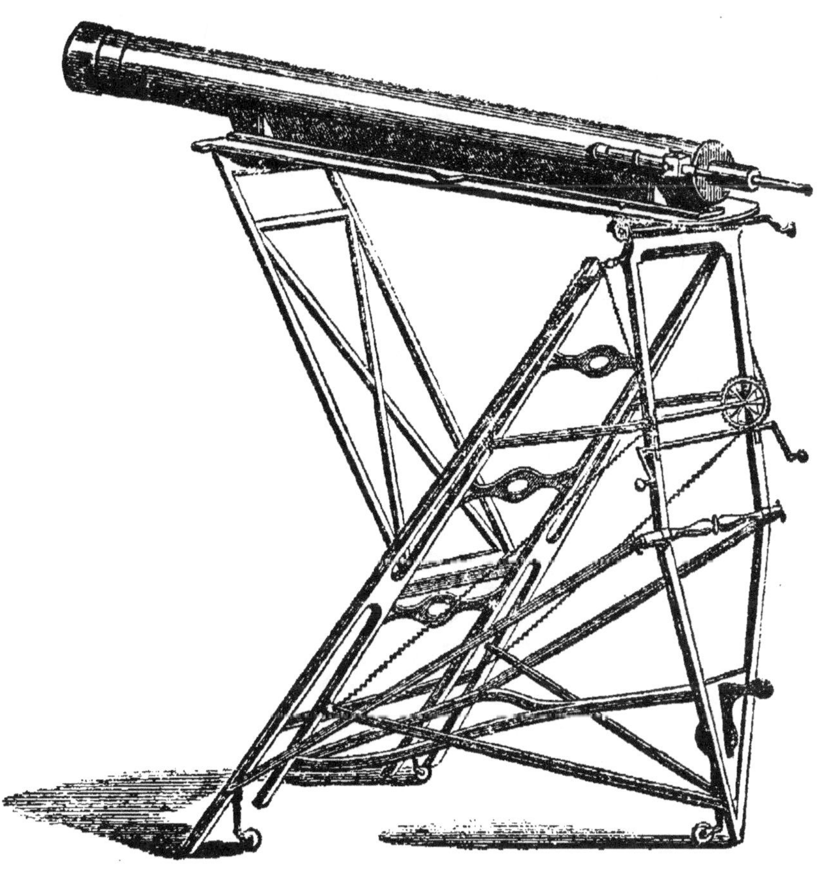

Extrait du Catalogue.

DU SYSTÈME SOLAIRE

OU

TRAITÉ DES CORPS PLANÉTAIRES

CONSIDÉRANT

Les Lois et les Phénomènes célestes

PAR

J. SIBUT

———

Prix : 75 centimes

———

PARIS

F^d DRIER ET Cie, ÉDITEURS

CONSTRUCTEURS D'INSTRUMENTS DE MATHÉMATIQUES

38, — Rue Turenne, — 38

—

1868

F^D DRIER & CIE, CONSTRUCTEURS

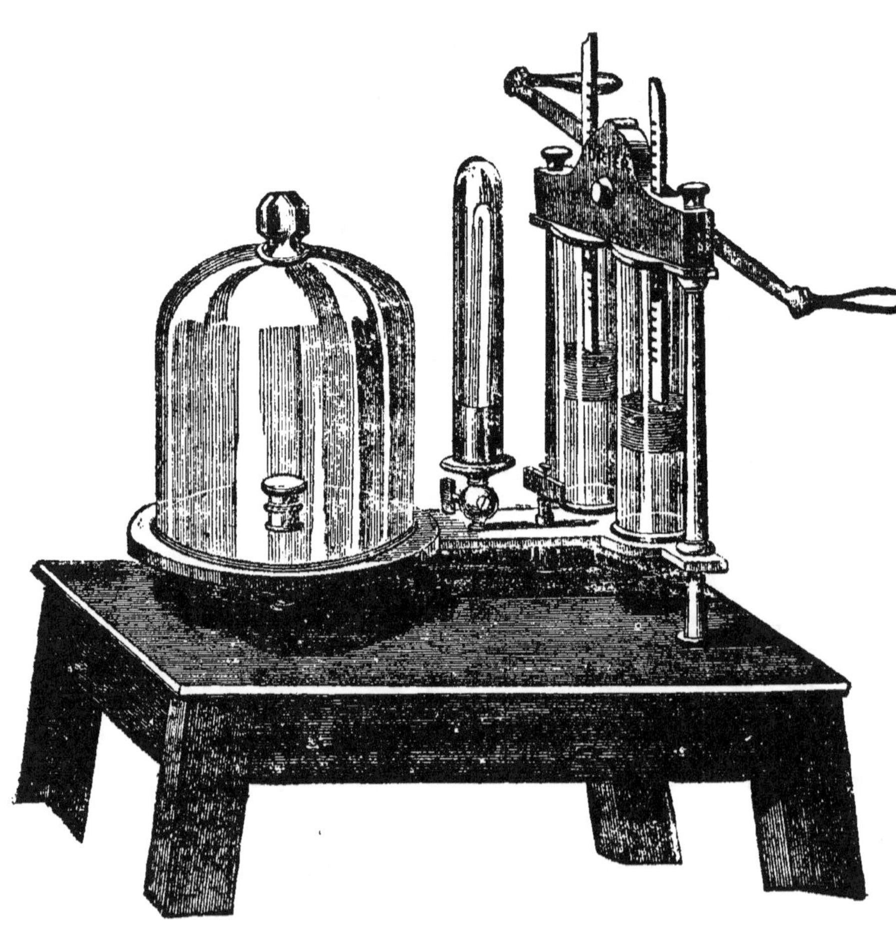

Extrait du Catalogue.

TRAITÉ

DES CORPS PLANÉTAIRES

CONSIDÉRANT

LES LOIS ET LES PHÉNOMÈNES CÉLESTES

Considérer dans les corps célestes leurs grandeurs, leurs positions, leurs distances, leurs mouvements, tels qu'on en puisse tirer une explication spécieuse de tous les changements ou phénomènes périodiques observés par les astronomes, c'est établir le système fondamental de la science astronomique. Le système dans lequel entreront les démonstrations du traité de notre planétaire, est celui de Copernic, seul reconnu vrai, depuis longtemps, par les astronomes de tous les pays. C'est déjà dire que nous n'attribuerons pas au Soleil les phénomènes qui appartiennent à la Terre, et qu'en toutes choses, les réalités expliqueront les apparences.

Planétaire. — Système. — C'est l'ensemble des planètes, tant premières que secondaires, qui se meuvent chacune dans leur orbite autour de l'astre central, le Soleil, ou bien de leurs premières, si l'on considère les satellites. Les planètes sont opaques et ne luisent qu'en réfléchissant la lumière du Soleil. La direction de leurs mouvements est la même pour toutes, et s'exécute de l'*Ouest* à l'*Est*. Il résulte des lois établies par les géomètres astronomes sur leurs mouvements, que la vélocité moyenne de chacune est en raison directe du carré de sa distance moyenne au Soleil.

Leurs distances à cet astre et leurs temps périodiques ont une certaine correspondance. Les plus grandes distances correspondent aux plus longues périodes, d'où il suit qu'elles sont dans l'ordre, tel qu'il est établi dans notre planétaire. Cette relation, découverte par Képler, est comprise dans l'énoncé suivant : « Les carrés des temps périodiques des planètes, sont entre eux dans le même rapport que les cubes de leur moyenne distance au Soleil. »

La seconde loi de Képler détermine la loi de la gravitation solaire pour chaque planète, indépendamment des autres : « *Les planètes décrivent des ellipses dont le Soleil occupe le foyer.* »

La troisième loi qui, par un rapport général, lie les distances et les périodes des planètes, a cette conséquence importante, que c'est une seule et même force, modifiée seulement en raison des distances au Soleil, qui maintient toutes les planètes dans leurs orbites.

Laplace a calculé qu'il y a une probabilité de quatre millions contre un, que tous les mouvements des planètes, soit de rotation, soit de révolution, ont été communiqués au même instant, par une cause primitive commune, mais dont nous ignorons la nature et l'époque. Et comme les révolutions des satellites s'accomplissent de l'Ouest à l'Est, il est évident que le sens des rotations et révolutions de tous ces corps, doit son origine à cette même cause qui a déterminé les mouvements planétaires.

Mais les deux principaux mouvements de rotation et de translation des planètes, étant indépendants l'un de l'autre, quoique probablement ils aient été communiqués par la même impulsion, il en résulte qu'ils forment des sujets distincts d'étude.

Les planètes ont encore trois différentes espèces de révolutions : l'une, *tropique;* elle s'accomplit quand un spectateur, supposé au centre du Soleil, voit la planète revenir à l'un des points équinoxiaux; la seconde, *sidérale*, quand il la revoit près d'une même étoile; la troisième, *synodique*, qui s'accomplit quand le spectateur, du centre de la Terre, revoit la planète en conjonction avec le Soleil.

Les principales planètes sont : *Mercure, Vénus, la Terre, Mars, Jupiter, Saturne, Uranus* ou *Herschell* et *Neptune*. Leur étude doit être précédée de celle du *Soleil*.

SOLEIL

C'est l'astre central et principal de notre système planétaire. Il attire toutes les planètes et les comètes dans le rapport inverse du carré de leurs distances à son centre. Il est donc le centre d'une force qui s'étend indéfiniment dans l'espace, en enveloppant dans son action tous les corps qui font partie de son système. Son diamètre est 111 fois celui de la Terre, ou 375,000 lieues, et son volume 1,400,000 fois plus grand que celui de cette même planète. Sa distance à la Terre est de 34,566,000 lieues.

En observant le Soleil à l'aide de verres coloriés, qui en affaiblissent l'éclat, on y remarque des taches noires environnées d'une bordure moins foncée. Elles ne restent pas fixes sur le disque de l'astre ; on les voit passer et traverser en 13 jours environ, disparaître, puis revenir treize jours après sur le bord opposé ; quelquefois elles s'effacent tout-à-coup , tandis qu'on en aperçoit de nouvelles qui se présentent avec une irrégularité perpétuelle ; leur marche seule est constante. Le mouvement de rotation de ces taches a fait reconnaître que le Soleil tourne sur un axe, ayant ses deux pôles et son équateur. Cet axe, presque perpendiculaire à l'écliptique , est incliné à son équateur de 83 degrés, ce qui donne à celui-ci 7 degrés de déclinaison. Le mouvement de rotation du Soleil s'effectue de l'Est à l'Ouest en 27 jours et demi. Herschell, Laplace et Arago ont émis sur la constitution ou la nature de cet astre des hypothèses différentes.

MERCURE

C'est une petite planète, très-rapprochée du Soleil, dont elle ne s'écarte guère que de 16 à 29 degrés ; elle est souvent engagée dans les rayons de cet astre. Dans nos climats, elle n'est que très-rarement visible sans lunette, mais au télescope, elle présente des phases comme la Lune. Dans ses quadratures, Mercure paraît sous la forme d'un croissant dont les pointes sont opposées au Soleil dans les conjonctions supérieures, c'est-à-dire lorsqu'elle est au-delà du Soleil ; la planète doit être pleine, parce que la face éclairée nous regarde ; elle ne nous montre au contraire que la face obscure lorsqu'elle est entre le Soleil et nous, ou dans les conjonctions inférieures.

La durée de sa rotation est de 24 heures 5 minutes, et celle de sa révolution autour du Soleil est près de 88 jours, ce qui fait que son mouvement de translation est de plus de 39,000 lieues par heure. L'iutensité de sa lumière et de sa chaleur est 7 fois plus grande que celle de la Terre. Cette chaleur moyenne, résultant de la seule intensité des rayons solaires, doit surpasser la température de l'ébulition du mercure, et l'eau doit y bouillir même au pôle. Ainsi les planètes, quoique offrant, sous le rapport de la structure et des mouvements, la plus grande analogie avec la Terre, sont tout à fait impropres à l'habitation d'un être tel que l'homme.

— Diamètre de Mercure : les 2/5 de celui de la Terre; volume, le 17ᵉ de cette planète; distance au Soleil, 14 millions de lieues.

VÉNUS

L'orbite de cette planète est située entre celles de Mercure et de la Terre. Sa lumière est blanche et facile à reconnaître. Elle accomplit sa révolution entière en 224 jours, 16 heures, 49 minutes, ce qui fait 1 degré 36 minutes par jour. Vénus fait un tour sur elle-même en 23 heures, 21 minutes, 21 secondes. Son volume et sa proximité de la Terre, à certaines époques, permettent de l'apercevoir en plein jour. Son apparition n'est que de 3 ou 4 heures, soit le matin, vers l'Orient, soit le soir, vers l'Occident. On l'appelait autrefois l'Étoile du Berger. La quantité de chaleur et de lumière qu'elle reçoit du Soleil est double de celle que reçoit la Terre. Vénus exami-

née au télescope présente des phases semblables à
celles de la Lune. Le croissant a une dégradation de
lumière qui prouve autour de cette planète l'existence
d'une atmosphère à peu près égale à celle de la Terre.
Dominique Cassini, observant le mouvement des
taches sur le disque de Vénus, lui reconnut un mouvement rotatoire, qui, aujourd'hui, se trouve confirmé par les observations. En raison de la grande inclinaison de son équateur sur le plan de l'orbite
(72 degrés), les inégalités des saisons y sont exces-
sives. Cette planète n'a pas de zônes tempérées :
chaque hémisphère est tourné presque directement
vers le Soleil pendant une moitié de l'année, et à l'opposé pendant l'autre moitié ; il en résulte une grande
chaleur pendant l'été, et un grand froid pendant
l'hiver. Vénus, lors de la conjonction inférieure, peut,
comme Mercure, passer sur le disque du Soleil ; mais
il faut, pour cela, comme pour les éclipses, que la
planète soit dans le voisinage d'un de ses nœuds ;
Elle paraît alors comme une tache noire, parfaitement ronde, traversant le disque d'un mouvement
uniforme et de gauche à droite. Ce phénomène se
reproduit périodiquement. On en calcule l'époque
comme celle des éclipses. Mais ces passages sont
rares : du premier au second, il s'écoule 8 ans ; et le
troisième ne revient qu'après 113 ans et 6 mois,
quelquefois plus 8 ans, quelquefois moins 8 ans. Les
deux passages prochains auront lieu le 8 décembre

1874, et le 6 décembre 1882. Ils ont lieu en décembre ou en juin, lorsque les longitudes des nœuds de la planète sont de 255 ou de 75 degrés. L'axe de Vénus est incliné sur l'écliptique de 25 degrés.

—Diamètre de Vénus : à peu près celui de la Terre ; volume, presque celui de cette planète, distance au Soleil 25 millions de lieues.

LA TERRE

La planète que nous habitons circule comme les autres dans le système solaire. Sa situation, à une distance moyenne du centre de ce système, lui est très favorable, car, se trouvant à une distance moins grande du Soleil que Saturne, Jupiter, Mars, etc., et cependant plus éloignée que Mercure ou Vénus, qui sont en quelque sorte soumis trop violemment à son action calorifique, la Terre semble avoir été l'objet de la sollicitude particulière de la Divinité.

La Terre a deux principaux mouvements ; l'un de rotation qui s'effectue de l'Ouest à l'Est, en 24 heures, et autour d'un axe incliné de 66 degrés 32 minutes, à peu près sur l'écliptique : il occasionne, en sens contraire, un mouvement apparent à tous les corps célestes. La vitesse de ce mouvement est, à l'équateur, de 375 lieues par heure ; l'autre est celui de translation ou de révolution annuelle sur l'écliptique; sa vitesse est de 412 lieues par minute.

Les deux principaux mouvements de la Terre, et la chaleur ou l'action atomique du Soleil, en décomposant les parties aqueuses et volatiles de sa surface, créent une atmosphère gazeuse qui l'environne de toutes parts. Cette atmosphère est assez dense pour réfléchir les rayons du Soleil à la hauteur de 16 lieues; c'est de là que provient le crépuscule que l'on observe même après que le Soleil est descendu de 18 degrés sous l'horizon.

La Terre peut-être considérée comme le centre d'une force qui s'étend jusqu'à la Lune, et qui maintient ce satellite dans son orbite, par la même loi qui occasionne la chute d'une pierre à la surface de la Terre. Or, l'expérience démontre que l'action et la réaction de la matière sont égales et contraires; la Lune doit donc attirer la Terre avec une force égale et contraire.

On ne peut plus avoir de doutes sur l'augmentation de la chaleur terrestre à mesure qu'on avance dans la croûte du globe, mais il reste encore l'incertitude la plus grande relativement à la loi de cette augmentation, qui varie avec la nature du sol et autres circonstances locales. Toutefois, on a calculé qu'en somme elle devait-être de 1 degré Fahrenheit (0 degré 555 centigrades) environ, par 12 à 15 mètres à peu près. — Diamètre de la Terre : 2,870 lieues; volume : le cube de son diamètre; distance au Soleil 34,556,000 lieues.

DE LA PARTIE CENTRALE DU PLANÉTAIRE

Deux grands cercles placés l'un dans l'autre, suivant leurs diamètres, et formant deux angles opposés de 23 degrés 1/2, représentent : l'un, l'équateur céleste : c'est celui qui est considéré comme parallèle au plan de l'horizon; l'autre, l'écliptique, qui est ainsi oblique au premier. D'où il résulte ce qui suit : 1° Leurs deux points d'interception sont ce qu'on appelle les *nœuds*, ou lieux équinoxiaux. Celui où se trouve le signe : Bélier, désigne le commencement du printemps; il est origine 0° des ascensions droites du Soleil et des étoiles, etc. ; l'autre marqué par le signe : Balance, est au commencement de l'automne. 2° le premier nœud est appelé ascendant, et l'autre descendant ; en voici la raison. Le cercle équateur étant comme on l'a dit, parallèle à l'horizon, le cercle écliptique, qui forme avec le premier un angle de 23 degrés 1/2 à une de ses moitiés élevée de cette quantité au-dessus d'une moitié de l'équateur. Elle se divise en six parties chacune de 30 degrés, et comprennent, dans l'ordre direct de révolution annuelle les signes : Bélier, Taureau, Gémeaux, Cancer, Lion, et Vierge. Les trois premiers, le soleil les parcourt, en apparence, pendant le printemps, les trois autres, pendant l'été.

Ce sont les signes nord; le Soleil y prend les dé-
clinaisons de même dénomination.

L'autre partie de l'écliptique, se trouve évidem-
ment au-dessous de l'autre moitié de l'équateur, et à
une distance de 23 degrés 1/2. Elle est divisée comme
la première et comprend les signes Sud : Balance,
Scorpion, Sagittaire, Capricorne, Verseau, Poissons.
Les trois premiers, sont, en apparence, parcourus
par le Soleil pendant l'automne, les trois autres,
pendant l'hiver. La déclinaison de l'astre y est Sud,
ou *négative*.

Mais pour se rendre compte de la raison d'être,
comme on vient de le dire, de ces deux cercles, il
faut imaginer le Soleil placé dans leur centre commun. En effet, lorsque la Terre, se dirigeant vers
l'hémisphère sud, à partir de l'équinoxe du printemps, suivra, en réalité et successivement les
signes : Balance, Scorpion, Sagittaire, le Soleil alors
sera vu dans les signes opposés, à 180 degrés ; et des
situations relatives du Soleil et de la Terre résulte-
ront les phénomènes des vicissitudes des saisons,
des différences de jour et de nuit, etc.

DES VICISSITUDES DES SAISONS

ET DES DIVERSITÉS DES JOURS ET DES NUITS

Si, au solstice d'été, 22 juin (Capricorne), ou au solstice d'hiver, 21 décembre (Cancer), on considère la position de la Terre sur son cercle orbital, l'écliptique, qui est incliné à l'équateur de 23 degrés 28 minutes, où l'axe de cette planète conserve toujours son parallélisme, on voit que, dans sa marche annuelle autour de l'astre central, le Soleil, les saisons, dans les deux hémisphères, se produisent en sens inverse. Le rayon qui part du centre du Soleil, et aboutit aux deux tropiques, le démontre physiquement sur le planétaire. En effet, dans l'hémisphère nord, l'été correspond à l'hiver de l'hémisphère sud; et aux deux points intermédiaires, à 90 degrés, 21 mars, (Balance), et 23 septembre, (Bélier), le printemps de l'hémisphère nord correspond à l'automne de l'hémisphère sud. En sorte que, quand un hémisphère a les plus longs jours, l'autre hémisphère a les plus longues nuits, et réciproquement. Ce qui explique suffisamment aux mêmes époques, pour chaque hémisphère, l'inverse des saisons.

Chaque fois que l'on voudra connaître, dans les deux hémisphères, et à une latitude quelconque la longueur du jour et de la nuit, il suffira, pour obtenir ce résultat, de comparer la partie éclairée avec la partie obscure. Si la première de ces deux parties est plus grande que l'autre d'un quart, le Soleil restera au-dessus de l'horizon 15 heures, et au-dessous 9 h^res. Leur égalité, par les pôles, fait les équinoxes.

(Voir dans le Planétaire, aux deux solstices, les positions de la Terre et les indications qui leur sont respectives.)

LA LUNE

SES MOUVEMENTS, SES PHASES ET SES TACHES

La Lune, satellite de la Terre, reçoit, comme toutes les planètes, sa lumière du Soleil; la durée de sa rotation est égale à celle de sa révolution autour de la Terre et s'accomplit en 27 jours, 7 heures, 43 minutes, ce qui fait qu'elle présente toujours la même face à la planète. Si son orbite se trouvait dans le plan de l'écliptique, elle produirait tous les quatorze jours éclipse de Soleil ou éclipse d'elle-même; mais l'obliquité de son orbite étant de 5° 9', elle se trouve, par rapport au Soleil, tantôt au-dessus, tantôt au-dessous de la Terre. — Diamètre de la Lune: le 1/4 de celui de sa planète; volume, le 1/50; distance à la Terre, 86 mille lieues.

L'attraction du Soleil est si grande sur la Lune, que, si elle était plus éloignée de la Terre, elle l'abandonnerait tout à fait pour tourner autour du Soleil, comme planète indépendante. L'action troublante que le Soleil exerce sur la Lune est équivalente à trois forces : la première, agissant dans la direction de la ligne qui joint la Lune à la Terre, augmente ou diminue sa gravité par rapport à celle-ci ; la seconde, agissant dans la direction d'une tangente à son orbite, trouble son mouvement en longitude ; et la troisième, enfin, agissant perpendiculairement au plan de l'orbite, trouble son mouvement en latitude, c'est-à-dire qu'elle l'attire plus près ou l'éloigne davantage du plan de l'écliptique, qu'elle ne s'en approcherait ou ne s'en éloignerait sans cela. Les perturbations périodiques de la Lune provenant de ces forces sont parfaitement semblables aux perturbations périodiques des planètes, seulement elles sont beaucoup plus considérables et plus nombreuses, parce que le Soleil est si grand, que plusieurs inégalités qui sont tout à fait insensibles dans les mouvements des planètes, sont très-considérables dans les mouvements de la Lune.

Il est reconnu que, plus l'excentricité de l'orbite terrestre est considérable, et plus est grande aussi l'action troublante du Soleil sur la Lune. Or, l'excentricité ayant été en décroissant pendant des siècles, cette action a dû nécessairement aller aussi en diminuant, pendant la même durée de temps. Conséquemment, l'attraction de la Terre a exercé une action de plus en plus puissante sur la Lune, et a constamment diminué la grandeur de l'orbite lunaire. De sorte que la vitesse de la Lune a été graduellement en augmentant pendant plusieurs siècles, pour faire équilibre à l'augmentation de l'attraction de la Terre. Cette variation séculaire de la vitesse de la Lune est désignée de nos jours sous le non d'*accélération*. Il est à remarquer que l'action des planètes, ainsi réfléchie par le Soleil à la Lune, est beaucoup plus sensible que leur action directe, soit sur la Terre, soit sur la Lune. Ce satellite décrit une espèce de spirale dans son mouvement autour de la Terre, de sorte que son disque passe à différentes reprises sur tous les points d'une zône du ciel, qui s'étend a plus de 5° 9' de chaque côté de l'écliptique. Il est donc évident que, soit à un moment, soit à un autre, elle doit éclipser chaque étoile et chaque planète qu'elle rencontre dans cet espace. Par conséquent, l'occultation d'une étoile produite par la Lune est un phénomène qui se renouvelle souvent. Les mouvements de la Lune offrent donc au navigateur plus d'intérêt que ceux d'aucun autre corps céleste, par suite de la précision avec laquelle la longitude terrestre est déterminée par les occultations des étoiles et des distances lunaires. La théorie lunaire est parvenue à un tel degré de perfection, que les temps de ces phénomènes observés sous un méridien quelconque, donnent, lorsqu'ils sont comparés au temps, la longitude de l'observateur.

Tous les mois, la Lune fait le tour du ciel dans un

sens contraire à celui du mouvement général ; et, tandis que, chaque jour, elle paraît se lever et se coucher comme tous les autres astres, en allant d'Orient en Occident, elle retarde chaque jour et semble rester en arrière des étoiles ou reculer vers l'Orient d'environ 13 degrés : c'est le mouvement *propre* ou *périodique* et *réel* qui a lieu dans cette planète. Il est si considérable qu'en **27** jours, la Lune fait le tour du ciel en sens inverse du mouvement diurne.

A mesure que la Lune avance dans son orbite et se rapproche de l'*opposition*, le *fuseau* visible de ce satellite s'élargit de plus en plus ; mais sa projection sur le ciel se trouve toujours limitée, d'un côté par la moitié du contour apparent, et, de l'autre, par la projection du cercle d'illumination ; seulement cette projection, qui est une ellipse, a sa convexité tournée en dehors, d'où les phases de la Lune sont causées et produites.

Ce *fuseau* ou *croissant*, dont les pointes sont toujours tournées vers le haut, ou à l'opposite du Soleil, ne s'aperçoit guère que le troisième jour (du côté du couchant), après la conjonction de cette planète ; il devient un peu plus fort le lendemain, et, dans l'espace de cinq à six jours, il prend la forme d'un demi-cercle ; la partie lumineuse est alors terminée par une ligne droite, et l'on dit que la Lune est en *quadrature*, ou à 90 degrés de la *conjonction* à l'opposi-

tion. Ensuite, la Lune continue de s'éloigner du Soleil et d'augmenter en lumière pendant huit jours ; elle paraît alors tout-à-fait circulaire, son disque entier et lumineux brille pendant toute la nuit : c'est le jour de la *pleine Lune* ou de l'opposition. Elle passe au méridien à minuit et se couche dès que le Soleil se lève. Il est évident qu'alors elle est directement opposée au Soleil par rapport à nous, et qu'elle brille dans toute sa largeur, parce que le Soleil l'éclaire en face et non de côté. Puis, vient le décroissement de la Lune, qui donne les mêmes phases que celles que nous venons d'indiquer.

UN MOT SUR LA CAUSE DES PHASES EN SIMPLIFIERA L'EXPLICATION.

Le Soleil éclairant toujours la moitié du globe *lunaire,* nous ne pouvons voir la Lune pleine que lorsque nous apercevons cette moitié qui est éclairée, et que nous l'apercevons tout entière ; si nous sommes placés de côté, en sorte que nous ne puissions voir que la moitié de la partie éclairée, c'est-à-dire de l'hémisphère exposé au Soleil, nous ne verrons que la moitié de ce qui paraissait dans la pleine Lune, un demi-cercle de lumière ; la Lune paraîtra en quartier ; et ainsi des autres situations.

Une période complète de phases se nomme *lunaison ;* le nombre de jours compris entre la nouvelle Lune et la phase actuelle est l'*âge* de la Lune.

Des taches de la Lune. — Celles que l'on découvre

à l'œil **nu** augmentent prodigieusement en nombre et en étendue lorsqu'on les observe à l'aide d'une bonne lunette achromatique. Vers le quatrième et le sixième jour de la nouvelle Lune, on remarque quelques points éclairés dans le corps obscur même du satellite. Ces points éclairés, avant et après l'illumination du reste de la surface, ont donné lieu à une méthode facile pour déterminer la hauteur de la montagne à laquelle ils appartiennent : on a trouvé que quelques-unes ont plus d'une lieue d'élévation. Un autre phénomène a été observé sur la surface lunaire : celui de ses volcans, dont on a vu plusieurs en pleine activité. C'est dans la partie nord-est de ce satellite qu'Herschell découvrit le plus remarquable de ses volcans; la seconde nuit qu'il l'observa, il brûlait avec la plus grande violence et paraissait réellement en éruption. Relativement à la matière dont les points brillants peuvent être formés, on conjecture que ce sont des sommités de rochers stériles qui, par rapport à leur élévation, sont plus capables de réfléchir la lumière solaire que les parties inférieures. La différence considérable qui existe dans leur apparence, suivant qu'on les observe lors de l'opposition, ou dans les quadratures de ce satellite, s'explique en admettant une surface très-inégale ; les rayons solaires, tombant perpendiculairement sur son disque, représentent des taches sans aucune projection d'ombre, tandis que la Lune se trouvant en quadrature relativement à la Terre, les rayons solaires réfléchissent obliquement sur les montagnes lunaires,et remplissent toute la surface de confusion par les ombres qu'elles projettent derrière elles. Les changements de couleur et de forme que la planète prend à cette époque s'expliquent encore par les inégalités de sa surface.

La Lune agit aussi sur le *ménisque* (surface) de la Terre, et contribue avec le Soleil, à la précession des équinoxes. Mais, comme la Lune n'est qu'accidentellement avec ce dernier astre dans le plan de l'écliptique, elle produit encore une altération dans l'inclinaison de l'équateur, que l'on nomme *nutation* lunaire. L'axe de la Terre qui suit les mouvements de l'équateur, auquel il est perpendiculaire, se balance et décrit autour du pôle moyen une petite ellipse, pendant les 19 années que dure une révolution des nœuds de la Lune. L'attraction lunaire apporte, dans ces effets, une modification qui a pour période une année, et cette double action a reçu le nom de *nutation luni-solaire*.

DES ÉCLIPSES

On appelle éclipse la privation de lumière d'un corps céleste, lorsque cette lumière semblerait devoir être aperçue de la Terre.

Éclipse de Lune.—La Terre, comme tous les corps opaques, intercepte la lumière du Soleil; elle forme

derrière elle, relativement à cet astre, une ombre
qui, à raison des grosseurs respectives du Soleil et
de la Lune, se termine à un point éloigné de la Terre
d'environ 300 mille lieues, et, par conséquent, beaucoup au-delà de la Lune. L'axe de ce cône d'ombre
est le prolongement de la droite, qui joint les centres
du Soleil et de la Terre. Il est conséquemment sur le
plan même de l'écliptique. Ainsi, l'on voit que, si
dans l'instant où la Terre passe entre le Soleil et la
Lune, ce satellite est dans le plan de l'écliptique, il
sera plongé dans le cône d'ombre et privé de la lumière du Soleil. Dans cette position, la Lune sera
éclipsée en entier ; il y aura *éclipse de Lune*. Mais si,
lors de son *opposition*, la Lune est assez élevée au-
dessus de l'écliptique, pour qu'il n'y ait qu'une partie
de sa surface engagée dans l'ombre de la Terre,
l'éclipse ne sera pas *totale;* elle ne sera que *partielle*,
et d'autant moindre que la Lune sera plus élevée sur
le plan de l'écliptique, ou plus abaissée au-dessous.
Il suit de là que, si l'orbite de la Lune était exactement sur le plan de l'écliptique, il y aurait chaque
mois éclipse totale de Lune, lors de l'*opposition* de ce
satellite; mais, son orbite étant inclinée à l'écliptique, il arrive le plus souvent que, dans son opposition, il est au-dessous ou au-dessus du cône
d'ombre formé par la Terre : dans ce cas, il y a *pleine
Lune* et point d'éclipse.

Éclipse de Soleil.—Si, lorsque la Lune est en conjonction avec le Soleil, elle est en même temps sur le plan de l'écliptique, il est clair que, se trouvant alors entre la Terre et le Soleil, elle doit nous cacher son disque tout entier ou en partie. Elle le cachera tout entier, si son diamètre est vu de la Terre sous un angle plus petit que celui du Soleil; dans ce cas, on verra autour de la Lune un anneau de lumière, qui sera l'excès du diamètre apparent du Soleil sur celui de la Lune.

Les circonstances des mouvements du Soleil et de la Lune sont telles, que ces deux cas peuvent exister. Comme les distances de ces deux astres à la Terre sont variables, leurs diamètres apparents le sont aussi; de manière que, lorsque la Lune est au *périgée* et le Soleil *apogée*, ou la Terre aphélie, ce qui est la même chose, le diamètre apparent de la Lune est plus grand que celui du Soleil; et si, dans ce cas, elle se trouve exactement entre le Soleil et la Terre, elle ne le cache pas tout entier et en laisse apercevoir une partie sous la forme d'un anneau lumineux : c'est une éclipse *annulaire*.

Si, la Terre étant dans son aphélie, la Lune est dans son périgée, son diamètre apparent étant alors plus grand que celui du Soleil, elle le cache entièrement à la Terre. Le cône d'ombre formé par la Lune s'étend au-delà de l'observateur, et l'éclipse est *totale*.

Il y a aussi des éclipses *partielles* de Soleil; elles

ont lieu, lorsque la Lune ne se trouvant pas exactement entre le Soleil et l'observateur, ne cache qu'une partie du disque solaire,ce qui vient de l'élévation ou de l'abaissement du centre de la Lune, au-dessus ou au-dessous de la ligne menée de l'œil de l'observateur au centre du Soleil. Mais il y a une différence essentielle entre les éclipses de Soleil et celles de Lune, et qui consiste en ce que ces dernières ont lieu au même instant pour tous les pays de la Terre sur l'horizon desquels la Lune se trouve alors. Du moment qu'elle entre dans l'ombre de la Terre, la partie qui s'y plonge cesse d'être visible. Il n'en est pas ainsi des éclipses du Soleil; elles commencent à des instants différents pour les divers lieux de la Terre, parce que chacun d'eux, rapportant la Lune à différents points du ciel, les uns doivent la rapporter sur le Soleil avant les autres. La différence de position des lieux de la Terre fait même que, pour quelques-uns, l'éclipse est totale, tandis qu'elle n'est que partielle pour d'autres.

Les planètes, aussi, s'éclipsent quelquefois réciproquement : le 17 mai 1777, Mercure fut éclipsé par Vénus, près de leur conjonction inférieure ; Mars passa sur Jupiter le 9 janvier 1591 ; et le 30 octobre 1825, la Lune éclipsa Saturne. Ces phénomènes, toutefois, arrivent très-rarement, parce que toutes les planètes, ou même plusieurs d'entre elles seulement, sont très-rarement en conjonction ensemble, c'est-à-dire dans la même partie du ciel au même moment. Cependant, il est au moins curieux de savoir que plus de 2,500 ans avant notre ère, les cinq grandes planètes se trouvèrent en conjonction (même ligne); le 15 septembre 1186, un assemblage pareil eut lieu entre les constellations de la Vierge et de la Balance, c'est-à-dire presque le long de la ligne des équinoxes; et en 1801, la Lune, Jupiter, Saturne et Vénus furent réunis dans le cœur du Lion. (*Constellation*).

MARS

L'orbite de cette planète est extérieure à celle de la Terre; dans sa marche, elle s'écarte de l'écliptique de près de 2 degrés. Les variations, dans son diamètre apparent, sont très-grandes. Le disque de Mars change de forme et devient sensiblement ovale, suivant la position relative du Soleil. Les saisons sont à peu près les mêmes que sur la Terre, et les climats disposés de la même manière; seulement, l'intensité de la chaleur et de la lumière est deux fois moins grande; celle-ci est obscure et rougeâtre, ce qui fait présumer que cette planète est environnée par une atmosphère très-épaisse et nébuleuse. De grandes taches paraissent et se détruisent en des temps plus ou moins longs. Les bandes de Mars, parallèles à son équateur, ont fait remarquer que cette planète tourne d'Occident en Orient, en 24 heures, 31 minutes, 22 secondes, autour d'un axe incliné de 61 degrés 33 minutes sur son orbite. Le temps de sa révolution autour du Soleil est presque le double de celui de la Terre. On a reconnu que son année est de 686 jours, 23 heures, 30 minutes, 41 secondes, 4 tierces. Dans son mouvement écliptique, Mars décrit un axe d'environ 16 degrés par mois ou 6 signes 11 degrés par an. Près de ses oppositions, cette planète est très-brillante et se trouve alors près de la moitié de la distance du Soleil à la Terre; ce phénomène revient tous les 2 ans et 50 jours. En août 1719, Mars était à la fois au périhélie et en opposition; l'éclat extraordinaire que jetait cette planète, porta l'effroi parmi les ignorants. Ses phases ne commencent à se faire voir que lorsqu'elle se rapproche du Soleil; mais bientôt son diamètre devient si petit, qu'on ne peut l'apercevoir sans lunettes. Suivant que cette planète est en opposition ou en conjonction, elle paraît de 1re ou de 2e grandeur.

— Diamètre de Mars, à peu près la moitié de celui de la Terre; volume, le 1/7 de cette planète; distance au Soleil, 53 millions de lieues.

VESTA — JUNON — CÉRÉS — PALLAS

Vesta. — Cette planète fut découverte par Olbers, en 1807; l'inclinaison de son orbite est de 7 degrés, 8 minutes, 9 secondes. Son volume n'est que le

Le millième de celui de la Terre, et sa surface à peu près celle de l'Espagne. C'est la plus petite et la plus brillante de ces quatre planètes. Sa révolution est de 1326 jours.

Junon. — Planète découverte en 1804 par Harding ; son inclinaison est de 13 degrés, 4 minutes, 9 secondes, 7 tierces : elle est un peu plus petite que Cérès, et fait sa révolution en 1593 jours.

Cérès. — Découverte par Piazzi, le 1ᵉʳ janvier 1801. Cette planète accomplit sa révolution en 1681 jours ; l'inclinaison de son orbite est de 10 degrés, 37 minutes, 25 secondes. Ce globe n'a que 67 lieues de diamètre ; il offre l'apparence d'une nébuleuse environnée de brouillards très-variables.

Pallas. — Planète observée par Olbers, le 28 mars 1802. L'inclinaison de son orbite est de 34 degrés, 34 minutes, 55 secondes, c'est-à-dire plus grande que celle des autres orbites. Son volume est à peu près le même que celui de Cérès. Sa révolution se fait en 1686 jours.

Ces quatre planètes sont télescopiques ; leurs orbites sont comprises entre celles de Mars et de Jupiter, et à des distances presque égales du Soleil, évaluées entre 81 et 94 millions de lieues.

JUPITER ET SES QUATRE SATELLITES

Cette planète est très-remarquable par son éclat. Son orbite est située entre celles de Saturne et de Mars. Elle est la plus considérable de toutes les planètes ; la lumière et la chaleur y sont 27 fois moindres que sur la Terre. Elle met environ 4,332 jours, ou 11 ans, 317 jours à parcourir son orbite, qui comprend celles de Mars, de la Terre, etc. Cette planète s'écarte peu de l'écliptique : elle passe en un an d'une constellation zodiacale dans celle qui est à sa gauche. Le jour et la nuit y sont d'une égale durée ; le plus long jour y est de 5 heures seulement. Elle tourne sur un axe incliné de 86 degrés, 47 minutes, 36 secondes, sur sa propre orbite. Ce mouvement a été reconnu par l'observation des taches qui sont à sa surface ; ce sont des bandes noires parallèles entre elles et très-voisines de son équateur. Parmi ces zônes, il en est deux plus fortes et plus permanentes que les autres. Herschell attribuait les bandes de Jupiter à des couches régulières de nuages flottant dans son atmosphère.

Le temps de sa rotation est de 9 heures 56 minutes, et par suite de sa rapidité, l'aplatissement de Jupiter est très-grand. Son diamètre équatorial excède son diamètre polaire de 2173 lieues environ, et comme les masses des satellites sont à peu près 100,000 fois

moindres que celle de la planète, l'immense quantité
de matière accumulée à son équateur doit bientôt
avoir donné aux orbites du premier et du second satellite leur forme circulaire que sa puissante attraction maintiendra toujours. Le troisième et le quatrième satellite, étant beaucoup plus éloignés de
l'influence de leur planète, se meuvent dans des orbites un peu excentriques. Les révolutions de ces
quatre satellites sont exactement semblables à celles
des planètes autour du Soleil. En accomplissant leurs
révolutions, ils paraissent, vus de la Terre, être toujours, à très peu de chose près, sur une ligne droite,
quels que puissent être entre eux, et à l'égard de
leur planète, leurs changements de position.

Les satellites se meuvent près du plan de l'équateur
de Jupiter; mais l'équateur a une si petite inclinaison sur l'orbite (3 degrés, 5 minutes, 30 secondes), que
les trois premiers satellites sont éclipsés à chaque
révolution par l'ombre de la planète, qui est beaucoup plus grande que l'ombre de la Lune; le quatrième
satellite n'est pas si souvent éclipsé que les autres.
Les éclipses ont lieu proche du disque de Jupiter,
quand il est près de l'opposition; mais il arrive quelquefois que son ombre est projetée d'une telle manière par rapport à la Terre, que le troisième et le
quatrième satellite s'évanouissent et reparaissent du
même côté du disque. Ces éclipses sont à tous égards
semblables à celles de la Lune; mais il arrive quel-

quefois que les satellites éclipsent Jupiter, offrant
tantôt l'image de points noirs, qui, en passant sur **sa**
surface, représentent l'effet des éclipses annulaires
du Soleil, et tantôt celle de points brillants que l'on
voit passer sur l'une de ses bandes obscures. Avant
l'opposition, l'ombre du satellite, semblable à **une**
tache noire et ronde, précède son passage sur le
disque de la planète, tandis qu'au contraire, après
l'opposition, c'est l'ombre qui suit le satellite.

Il résulte des rapports dont il vient d'être parlé, **et**
qui existent entre les mouvements moyens et les
longitudes moyennes des trois premiers satellites,
qu'ils ne peuvent jamais être éclipsés tous à la fois ;
car lorsque le second et le troisième sont dans **une**
direction quelconque, le premier est dans la direction opposée ; conséquemment, quand le premier est
éclipsé, les autres doivent être entre le Soleil et Jupiter.

Le moment du commencement ou de la fin d'une
éclipse d'un satellite, *marque le même instant de
temps absolu à tous les habitants de la Terre ; conséquemment l'instant de ces éclipses, observé par un
voyageur, et comparé au temps de l'éclipse, calculé pour
un méridien quelconque déterminé, soit Paris, donne
la différence des méridiens en temps, et par conséquent
la longitude du lieu de l'observation.* On a observé
que ces éclipses du premier satellite, qui ont lieu
quand Jupiter est près de la conjonction, retardent

de 16 minutes, 26 secondes, 6 tierces, sur celles qui ont lieu quand la planète est en opposition.

Les satellites de Jupiter ont été découverts par Galilée en 1610.

Leurs distances moyennes à la planète, dont le rayon est pris pour unité, sont : 1er satellite 6, 4 — 2e 9, 62 — 3e 15, 35 — 4e 26, 99. Ces distances sont réduites au 1/6. (Voir le Planétaire.)

Mais comme cette planète est plus près de nous de toute la largeur de l'orbite de la Terre quand elle est en opposition, que lorsqu'elle est en conjonction, la différence doit être attribuée au temps employé par les rayons de lumière pour traverser l'orbite de la Terre, c'est-à-dire une distance de 70 millions de lieues environ, d'où l'on déduit que la lumière a une vitesse de 70 mille lieues par seconde. Telle est la rapidité de sa course, que la Terre, qui se meut avec une vitesse d'environ 7 lieues par seconde, mettrait deux mois à traverser la distance qu'un rayon de lumière parcourt en huit minutes. La découverte postérieure de l'abberration de la lumière a confirmé ce résultat surprenant.

—Diamètre de Jupiter : 11 fois celui de la Terre ; volume : 1414 fois cette planète ; distance au Soleil : 180 millions de lieues.

SATURNE ET SES HUIT SATELLITES

L'orbite de cette planète est inclinée sur l'écliptique de 2 degrés et demi,, et elle décrit ce cercle en 10,759 jours, ou 29 ans, 5 mois, 24 jours, ce qui fait un degré en 30 jours, et un signe en 900 jours. Quoique neuf cents fois plus grand que la Terre, Saturne ne nous apparaît que comme une étoile de deuxième grandeur. Elle a un mouvement de rotation qu'elle accomplit en 10 heures et demie environ. On aperçoit sur son disque, comme sur celui de Jupiter, des bandes alternativement sombres et brillantes, parallèles à son équateur. Saturne offre le phénomène unique d'être entouré d'un anneau ou cercle large, mince, lumineux, qui le ceint par le milieu. La planète et l'anneau tournent en même temps en 10 heures et demie; cet anneau est cependant formé de deux anneaux concentriques détachés l'un de l'autre, qui, bien que séparés par un vide, ont un même mouvement rotatoire. Mais ce double anneau ayant un diamètre 23 fois plus grand que celui de la Terre, il s'ensuit qu'il tourne 53 fois plus vite. La distance moyenne de la partie intérieure de ce double anneau est de 8,054 lieues à peu près; il n'a pas moins de 12,080 lieues environ de largeur; son épaisseur ne doit être que de 36 lieues. D'après les lois de la mécanique, il est impossible que ce corps puisse se maintenir dans sa position par l'adhésion de ses particules seulement; il doit nécessairement tourner avec une vitesse qui produise une force centrifuge suffisante pour balancer l'attraction de Saturne. L'observation confirme la vérité de ces principes, en montrant que les anneaux tournent autour de la planète en dix heures et demie, ce qui est considérablement moindre que le temps qu'un satellite, placé à la même distance, mettrait à accomplir sa révolution autour de cette planète. Leur plan est incliné sur l'écliptique d'un angle de 28 degrés 39 minutes, 45 secondes, et c'est en raison de cette obliquité de position qu'ils nous paraissent toujours elliptiques ; mais l'obliquité d'aspect qu'ils offrent varie au point de leur donner quelquefois l'apparence d'une ligne droite tirée en travers de la planète. Ces apparences ne peuvent être que l'effet des positions relatives qu'occupent Saturne, le Soleil et la Terre, et telles qu'elles sont indiquées ci-après : si le plan prolongé de l'anneau laisse d'un même côté la Terre et le Soleil, nous voyons la face tournée vers nous, puisqu'elle est éclairée ; si le plan va passer par le Soleil, nous n'en voyons plus que la tranche, qui apparaît, dans de fortes lunettes, comme une ligne lumineuse. Enfin, si le plan prolongé passe entre le Soleil et la Terre, la face obscure est seule tournée vers nous, et l'anneau est invisible.

Or, c'est ce qui arrive réellement, en effet ; l'anneau reste dans le mouvement de translation de la planète, constamment parallèle à lui-même. Cela peut être d'ailleurs démontré par l'explication de l'inégalité des jours et des nuits.

Saturne est incliné de 49 degrés, 19 minutes, 12 secondes au plan de l'écliptique, et se présente toujours obliquement à la Terre. Quel prodigieux spectacle pour ses habitants, si elle en a.

Cette planète a huit satellites : Huygens en a découvert un en 1655; Cassini, quatre en 1671, 1672, 1684; Herschell, deux en 1789. M. Bond, aux États-Unis, et M. Lassel, en Angleterre, ont découvert le 8e en 1848. Leurs mouvements sont parfaitement analogues aux satellites de Jupiter.

En prenant le rayon de Saturne pour unité, les distances moyennes des satellites sont : 1re satellite. 3,35 ; — 2e 4,30 ; — 3e 5,28 ; — 4e 6,81 ; — 5e 9,52 ; — 6e 22,08 ; — 7e 27,78 ; — 8e 64,36. — Ces distances ont été réduites au 1/10.

— Diamètre de Saturne : 9 fois celui de la Terre ; volume 735 fois cette planète; distance au Soleil 329 millions de lieues.

URANUS ET SES SIX SATELLITES

Cette planète n'est visible qu'au télescope; elle était la plus éloignée du Soleil avant la découverte de Neptune, (planète Le Verrier) due à ses perturbations. Il lui faut environ 84 de nos années pour accomplir sa révolution orbitale ; le Soleil doit y paraître 400 fois moindre qu'à nous, et avoir l'apparence d'une étoile, petite, mais brillante ; son éclat cependant tout en ne dépassant pas la 150me partie de celui qu'il répand sur la Terre, y est 2,000 fois plus considérable que celui de notre Lune ; de sorte qu'il est réellement un Soleil pour Uranus, à qui il communique probablement quelques degrés de chaleur. Mais si l'on considère que l'eau ne pourrait rester liquide dans aucune partie de Mars même à son équateur et que dans les zônes tempérées de la même planète, l'alcool même et le mercure, géleraient, on pourra se former quelqu'idée de la température qui doit régner dans Uranus ; on a lieu de croire qu'elle tourne sur son axe. C'est dans la constellation du Taureau, près d'une étoile qui se trouve sur l'écliptique, correspondant à 88 degrés que fut découverte la planète Uranus, par W. Herschell en 1781. On ne sait encore rien de la situation de son équateur, non plus que de son aplatissement. Cette planète à six satellites qui se meuvent autour d'elle dans des orbites presque circulaires, et à peu près perpendiculaires au plan de l'écliptique, et si nous en jugeons par analogie, elles doivent-être dans le plan de son équateur. Leurs mouvements, offrent le singulier phénomène d'être rétrogrades, c'est-à-dire qu'ils s'opèrent de l'Est à l'Ouest, contrairement à ceux de toutes les planètes et des autres satellites, qui s'accomplissent de l'Ouest à l'Est.

Les satellites d'Uranus ont été découverts par Herschell : le 2ᵉ et le 4ᵉ ont seuls été réobservés par d'autres astronomes. Ils ne peuvent être vus qu'avec l'aide des plus puissants télescopes.

Les distances moyennes de ces satellites à leur planète, le rayon de celle-ci étant pris pour unité, sont : 1ᵉʳ satellite 13,12 — 2ᵉ 17,02 — 3ᵉ 19,85 — 4ᵉ 22,75 — 5ᵉ 45,51 — 6ᵉ 91,01. Ces distances ont été réduites au 1/26.

— Diamètre d'Uranus 4 fois celui de la Terre : volume, 82 fois cette planète ; distance au Soleil, 668 millions de lieues.

NEPTUNE ET SON SATELLITE
PLANÈTE LE VERRIER

Cette planète paraît comme une étoile de 9ᵉ grandeur ; elle a dans les plus fortes lunettes un disque sensible ; son diamètre est presque 5 fois celui de la Terre ; son volume est 111 fois celui de cette planète ; sa masse 24 fois plus grande ; sa distance au Soleil est plus de 1100 millions de lieues. Plus grosse qu'Uranus, elle a une densité supérieure à celle de cet astre. La chaleur et la lumière n'y sont que la millième partie de ce qu'elles sont à la surface de la Terre. Neptune a un satellite.

La découverte de cette planète, due aux grands calculs de M. Le Verrier sur les perturbations d'Uranus, est, comme le dit un astronome distingué de l'Observatoire de Paris, M. Faye: « Un triomphe pour « la science, et pour la France, une gloire de plus. »

Les distances moyennes des planètes au Soleil, sont entre elles, d'après la loi de Bode, comme les nombres :

4, 7, 10, 16, 28, 52, 100, 196, 388.

En raison de ce rapport, les distances sont représentées comme il suit, sur le planétaire :

(4) Mercure. . . . . est à 36 millim.
(7) Vénus . . . . 63 —
(10) La Terre . . . . 90 —
(16) Mars. . . . . 144 —
(28) Vesta, Junon, Cérès, Pallas (*).
(52) Jupiter. . . . . 468 —
(100) Saturne, distance réduite à 1/2. . . . . 450 —
(196) Uranus, distance réduite à 1/2. . . . . 882 —
(388) Neptune, distance réduite aux 2/7. . . . . 996 —

(*) Voir pour ces 4 petites planètes, l'article qui les concerne.

Rapport et réductions des diamètres
des Planètes, celui de la Terre étant I.

Soleil, diamètre réel : 111 fois celui de la Terre; réduction, 2 fois le diamètre de celle-ci.

Mercure, diamètre réel : les 2/5 de celui de la Terre.

Vénus, diamètre réel : 1 fois celui de la Terre.

La Lune, diamètre réel : le 1/4 de celui de la Terre.

Mars, diamètre réel : la 1/2 de celui de la Terre.

Jupiter, diamètre réel : 11 fois celui de la Terre; réduction, 2 fois le diamètre de celle-ci.

Saturne, diamètre réel : 9 fois celui de la Terre; réduction, 1 fois plus 3/4 le diamètre de celle-ci.

Uranus, diamètre réel : 4 fois celui de la Terre; réduction, 1 fois plus 1/2 le diamètre de celle-ci.

Neptune, diamètre réel : 4 fois plus 4/5 celui de la Terre; réduction, 1 fois plus 3/5 le diamètre de celle-ci.

tous les corps y pèseraient deux fois plus, puisque l'attraction est proportionnelle à la masse, et que cette masse étant à peu près sphérique, attire comme si elle était condensée à son centre. Un changement de masse se manifesterait par un changement proportionnel de vitesse ; au lieu de tomber de 4,9 mètres dans la première seconde de sa chute, le corps devrait tomber de 9,8 mètres. Ainsi, par le calcul, on arrive à ce résultat, que si l'on mettait le Soleil dans le plateau d'une balance, il faudrait pour faire équilibre, mettre dans l'autre plateau 354,936 globes comme la Terre. Mais la masse du Soleil n'est qu'environ 355 mille fois celle de la Terre.

On peut encore obtenir ces masses par les perturbations que les corps célestes font éprouver à ceux qui en sont voisins ; ceux qui ont des satellites permettent de faire le calcul avec plus de précision. Les satellites sont si petits par rapport à leur planète, et celle-ci est si éloignée du Soleil, que l'action d'une planète et de ses satellites est la même que si leurs masses étaient réunies à leur centre commun de gravité : ainsi les autres corps célestes ne sont influencés que par un point matériel, doué de la masse collective. Les masses des satellites sont d'ailleurs négligeables, dans une première approximation, comparativement à celle de la planète, comme celle-ci l'est par rapport au Soleil : on corrige ensuite le résultat que donne cette supposition.

En résumé, la densité moyenne d'une planète est le rapport de sa masse à son volume ; la pesanteur à la surface des planètes, est proportionnelle à leurs masses, et inversement proportionnelle au carré de son rayon. Quant à la chaleur et à la lumière solaire, elles varient suivant la loi inverse du carré de la distance au Soleil ; on les conclut donc immédiatement de cette distance pour chaque planète.

Différentes notions ont été émises sur la lumière et la manière dont elle se produit, par des physiciens ou des astronomes illustres, mais elles sont toutes vagues et conjecturales.

Nota. — Les baguettes qui dans le planétaire, partent du pied du Soleil, et celles qui partent du pôle inférieur des planètes, telles que Mercure, la Terre, la Lune, Vénus et Mars, forment respectivement entre elles des angles qui indiquent à la fois physiquement leur inclinaison et le sens dans lequel elles se transportent autour du Soleil. Il en est de même des autres planètes et de leurs satellites ; en sorte que, tout en tenant compte de leurs mouvements, on peut dire qu'elles forment un tout ; et si toutes ces planètes étaient vues du Soleil, à un certain moment chacune d'elles offrirait l'aspect qui leur est donné dans le *planétaire*.

DES COMÈTES

Il existe des astres qui, par leur aspect et la nature de leurs mouvements, se distinguent des planètes : ce sont les *comètes*. Ces astres sont formés d'un noyau solide, entouré d'une sorte de chevelure qui se prolonge en arrière en une immense traînée ou queue lumineuse. Leur nombre, comprenant ceux qui ont été visibles à l'œil nu et ceux qu'on n'a pu voir qu'à l'aide du télescope, peut être porté à plusieurs milliers. La plupart sont soumis à des lois fixes et régulières comme les planètes. Ils se meuvent autour du Soleil, décrivant des ellipses dont cet astre occupe un foyer, et les aires décrites par le rayon vecteur sont proportionnelles au temps; mais, tandis que les planètes décrivent des ellipses arrondies, situées à peu près dans un même plan, et se meuvent toutes dans le même sens, les comètes décrivent des ellipses très-allongées et disposées d'une manière quelconque dans l'espace. Le mouvement du plus grand nombre est rétrograde. La plupart du temps, c'est la courbe *parabolique* qui coïncide le mieux avec leurs mouvements observés ; cependant quelques comètes semblent décrire des *hyperboles*. Dans ce cas, elles ne sont visibles pour nous qu'une fois, et disparaissent ensuite à jamais, pour errer dans l'espace sans bornes jusqu'aux systèmes les plus éloignés de l'univers.

L'identité des éléments est la seule preuve du retour d'une comète dans notre système.

On n'a pu constater encore la périodicité que d'un petit nombre.

Comète de Halley. — Newton, en Angleterre, et Doerfel, en Allemagne, parvinrent les premiers à soumettre au calcul le mouvement d'une comète, et ils s'attachèrent à déterminer l'orbite de celle qui parut en 1680. Halley fit ensuite l'application de la méthode de Newton à un grand nombre d'observations, et trouva que la comète qui se montra en 1682 était la même que celle qui s'était montrée successivement en 1456, 1531, 1607. Il reconnut que la période de ses apparitions était de 75 ans environ, et il prédit son retour pour l'année 1759. Clairaut, géomètre français, pensant que la marche de la comète devait être modifiée par l'action des planètes Jupiter et Saturne, calcula cette action et assigna la réapparition pour le milieu d'avril ; elle revint un peu plus tôt, et passa au *périhélie* le 12 mars 1759. Elle devait revenir en 1835, le 4 novembre; puis ce devait être le 7; ensuite on recula son retour au 13; elle passa au périhélie le 16.

On a souvent imaginé qu'indépendamment des effets de chaleur et d'électricité, les queues des comètes répandaient de nouvelles substances dans notre atmosphère. Il est possible que la Terre puisse attirer quelque chose de cette matière *nébuleuse :* les vapeurs qui forment les queues des comètes, et qui sont élevées par la chaleur du Soleil quand celles-ci sont dans leur périhélie, étant disséminées à travers l'espace dans leur passage à leur aphélie; jusqu'ici, toutefois, cette matière n'a produit aucun effet, et les saisons n'ont jamais été influencées par ces corps. Il est extrêmement probable que, si jamais des queues de comètes ont passé sur la Terre, ses habitants ont pu, non-seulement ne pas les voir, mais encore même ne pas soupçonner leur présence. Leur passage est si rapide, qu'elles n'ont pas le temps d'acquérir une force vive suffisante pour produire une action sensible. D'ailleurs, il a été prouvé que, sous les circonstances les plus favorables, une comète ne peut rester pendant plus de deux heures et demie à une distance de la Terre moindre que 11,400 lieues. La comète de 1770 passa à six fois environ la distance de la Lune à la Terre, sans même affecter nos marées; et, comme la Lune n'a aucune influence sensible sur l'équilibre de l'atmosphère, une comète doit en avoir moins. Suivant Laplace, l'action de la Terre sur la comète de 1770 augmenta de plus de deux jours la période de sa révolution ; or donc, si les comètes avaient une énergie perturbatrice quelconque, la réaction de la comète devrait avoir augmenté la longueur de notre année. Mais, comme les calculs de Delambre montrent que la longueur de l'année n'a pas même été augmentée d'une fraction d'une seconde, il en résulte que sa masse ne peut avoir égalé la cinq millième partie de celle de la Terre. Ceci explique comment la même comète a traversé deux fois le système des satellites de Jupiter, sans troubler le mouvement de ces lunes. Ainsi, le passage des comètes n'a jamais troublé d'une manière sensible la *stabilité* du système solaire.

En 1773, l'astronome Lalande, dans un mémoire présenté à Louis XV, annonçait que huit comètes pouvaient assez se rapprocher de la Terre pour que l'une d'elles la rencontrât et y produisît, par le choc, une catastrophe. Cette nouvelle répandit la terreur dans toute la France et même en quelques pays étrangers. Mais, ce savant astronome, que la moindre incertitude aurait dû rendre circonspect, se trompait ; ses calculs n'avaient pour fondements rien de positif ; ils reposaient sur une *hypothèse* démontrée fausse aujourd'hui par les observations. Toutefois, on ne saurait absolument affirmer qu'elle est *l'origine, la nature et la constitution* des comètes.

Typ. Seringe Frères, place du Caire, 2.

DÉMONSTRATION PHYSIQUE

AUTOUR DU SOLEIL

Concevons en marche les trois planètes inférieures, Mercure, Vénus et la Terre. Mercure fait sa révolution en trois mois environ. Ainsi, pendant que la Terre parcourt un signe (30°), Mercure en parcourt quatre. Si, comme point de départ, la Terre est au premier degré de la Balance, et Mercure, diamétralement opposé derrière le Soleil, au premier degré du Bélier, lorsque la Terre aura parcouru le signe entier de la Balance, Mercure aura parcouru ceux du Bélier, du Taureau, des Gémeaux et du Cancer; il est alors visible pour la Terre, avec laquelle il est en quadrature (90°). Elle le rapporte vers le commencement des Gémeaux. Pendant qu'il a parcouru la dernière moitié du Cancer, il n'a pas paru changer de place, et il paraît stationnaire; il se trouve au 15e degré du Lion; alors la Terre le rapporte vers le 5e degré des Gémeaux; à ce point, il est direct. Ensuite, il se trouve dans le signe de la Vierge, et la Terre le voit encore direct; elle le rapportera alors vers le dixième degré des Gémeaux. Quand il aura parcouru la moitié de la Balance, il sera rétrograde, puisque la Terre le rapportera vers le septième ou le huitième degré des Gémeaux.

Si Mercure parcourt le reste de la Balance, il sera

beaucoup plus rétrograde, puisque la Terre le voit revenir vers le commencement des Gémeaux. S'il parcourt ensuite la moitié du Scorpion, il sera toujours rétrograde. Il le sera encore en parcourant le reste du Scorpion. La Terre, qui n'aura parcouru que deux signes (60°) pendant tout ce mouvement de Mercure, le rapportera alors exactement au premier degré des Gémeaux. Si l'on fait parcourir à Mercure le signe entier du Sagittaire, il sera encore plus rétrograde, la Terre le rapportant vers la moitié du Taureau. Arrivé dans le Capricorne, il commencera à être direct; la Terre le rapportera vers les derniers degrés du Taureau. En parcourant le Verseau, la Terre le verra toujours direct : il commencera à être en quadrature avec elle, et stationnaire pour la seconde fois; ensuite, il continuera d'être direct. Tout ce qui vient d'être dit de Mercure peut être appliqué à Vénus, seulement les intervalles de temps sont plus longs.

Les stations, directions et rétrogadations des planètes supérieures n'ont lieu que parce que la Terre se meut plus vite qu'elles. Il est clair que, quand la Terre voit une planète rétrograde, cette planète voit aussi la Terre rétrograder.

MÊME DÉMONSTRATION

SUR LA TERRE ET JUPITER

Jupiter emploie environ 12 ans à faire sa révolution ; ainsi il ne parcourt qu'un signe, pendant que la Terre en parcourt douze. Supposons encore, comme point de départ, la Terre au premier degré de la Balance, et Jupiter vis à vis du premier degré du Verseau. La Terre, en trois mois, se trouve avancée des trois signes : la Balance, le Scorpion et le Sagittaire ; pendant ce temps, Jupiter n'a parcouru qu'environ 9 degrés du Verseau. La Terre, qui l'a vu s'avancer, le voit *direct*. La Terre, ensuite, se trouve au dernier degré du Capricorne, et Jupiter ne se trouve avancé que de trois degrés de plus ; il paraît alors à celle-ci *stationnaire*, parce qu'il semble n'avoir pas changé de place. La Terre passe au signe du Verseau ; Jupiter s'est avancé de trois degrés ; il est au quinzième du Verseau. La Terre le voit encore direct pendant quelque temps. Mais après ce temps, la Terre l'ayant dépassé, verra Jupiter à quelques degrés en arrière, et il paraîtra alors rétrograde. La Terre, ayant parcouru le signe des Poissons, Jupiter se trouve au dix-huitième degré du Verseau. Il paraîtra encore *rétrograder*. Pendant que la Terre parcourra le signe suivant, il paraîtra stationnaire ; mais lorsque la Terre aura parcouru le signe du Taureau, Jupiter, étant parvenu au 24e degré du Verseau, la Terre le verra direct : il continuera de paraître encore longtemps direct, pendant le temps qu'il sera en conjonction avec le Soleil, et même longtemps après.

Cette explication, sur la marche vraie, apparente et relative de la Terre et de Jupiter, convient aux trois autres planètes supérieures : Mars, Saturne et Uranus. On remarquera que ces phénomènes sont d'autant plus rares, que ces planètes sont moins éloignées du Soleil, parce que la Terre passe plus souvent entre le Soleil et celles qui se meuvent moins vite.

CONSIDÉRATIONS PARTICULIÈRES

1º Les planètes extérieures ou supérieures : Mars, Jupiter, Saturne, Uranus et Neptune, n'ont presque pas de phases ; elles se présentent à la Terre, toujours pleines ; il faut cependant en excepter Mars, dont l'échancrure ou l'arc de fuseau égale le quart de son rayon.

2º L'observation a montré que toutes les planètes ont la même forme que la Terre, c'est-à-dire qu'elles sont renflées à leur équateur, et aplaties aux pôles. On s'est assuré en même temps que cet aplatissement est à peu près en raison de la vitesse du mouvement de rotation.

3º On a trouvé par le calcul que la lumière directe

du Soleil égale celle de 5,563 bougies d'une grosseur moyenne, placées à un pied de distance de l'objet éclairé ; celle de la Lune n'est probablement égale qu'à la lumière d'une chandelle placée à la distance de douze pieds (4 mètres); par conséquent, la lumière du Soleil est plus de 300,000 fois plus grande que celle de la Lune.

4° Les volumes approchés du Soleil et des planètes et comparés à celui de la Terre, permettent de dire qu'on ferait avec le volume du Soleil 1 million 384 mille 472 globes de la grosseur de la Terre ; avec celui de Jupiter, 1281 ; avec celui de Saturne, 995, et avec celui d'Uranus, 71. Mais la Terre, si petite qu'on la compare à ces corps, est pourtant plus grande que les autres planètes. Si l'on suppose qu'on la divise en mille parties égales, pour en faire mille petits globes : Vénus, en vaudra 927 ; Mars, 138 ; Mercure, 63 ; Pallas, 19 ; Vesta, 15 ; Cérès, 5, et Junon moins de 5. En sorte qu'il faudrait réunir Vénus, Mercure, Cérès et Junon pour faire un globe comme la Terre ; ou près de 16 fois celui de Mercure ; ou plus de 52 fois celui de Pallas ; ou 66 fois et deux tiers de fois celui de Vesta ; ou enfin 200 fois celui de Cérès.

5° Selon Herschell, si le Soleil est représenté par un globe de 2 pieds de diamètre, Mercure sera figuré par un grain de moutarde ; Vénus et la Terre seront grosses comme deux pois ; Mars comme une tête de

grosse épingle ; Junon, Cérès, Pallas et Vesta seront
des grains de sable ; Jupiter et Saturne seront repré-
sentés par deux oranges, l'une moyenne, l'autre petite ; Uranus le sera par une grosse cerise.

6° Quelque grands que soient les corps qui peuplent
l'univers, les distances qui les séparent sont incom-
mensurablement plus grandes ; mais, comme au milieu des merveilles sans nombre de la création, il est
impossible de méconnaître la sagesse infinie de Celui
qui en est l'auteur, on doit naturellement supposer
qu'une main aussi sûre n'a pas placé au hasard les
nombreux systèmes de l'univers, et que, s'ils étaient
plus rapprochés les uns des autres, leurs perturbations mutuelles ne pourraient s'accorder ni avec
l'harmonie ni avec la stabilité de l'ensemble. On sait,
de manière à n'en pas douter, que l'espace n'est pas
rempli d'air atmosphérique ; car, depuis longtemps,
sa résistance aurait altéré la vitesse des planètes ;
d'un autre côté, on ne peut pas dire non plus que cet
espace soit vide, puisqu'il semble rempli d'éther et
qu'il est traversé en tous sens par la lumière, la chaleur, la gravitation et, peut-être mieux encore, par
d'autres agents dont nous n'avons aucune idée.

Quelles que puissent être les lois dont l'empire
s'exerce sur les régions les plus éloignées de la création, toujours au moins on est certain qu'une puis-
sance unique règle non-seulement les mouvements
du système dont notre globe fait partie, mais ceux

aussi des systèmes binaires des étoiles fixes ; et, comme il est facile de prouver que la matière pourrait avoir été mise en mouvement par une infinité d'autres lois, il faut conclure du choix que la sagesse divine a fait de la gravitation, que cette force *est la plus simple et la plus propre à maintenir la stabilité des mouvements célestes.*

Autant que les connaissances humaines permettent d'en juger, l'intensité de la gravitation n'a jamais subi la moindre altération dans les limites du système solaire ; l'analogie même ne porte pas à supposer qu'elle variera jamais. Il y a tout lieu de croire, au contraire, que les grandes lois de l'univers sont immuables comme leur auteur lui-même. Quoique incapables de décomposer en principes généraux les phénomènes qui découlent des lois permanentes auxquelles l'univers est soumis, on est forcé de reconnaître que tout, depuis le Soleil et les planètes jusqu'aux dernières molécules matérielles, dans toutes les variétés de leurs attractions et de leurs répulsions (et même la substance impondérable du fluide électrique, galvanique ou magnétique), obéit à ces lois.

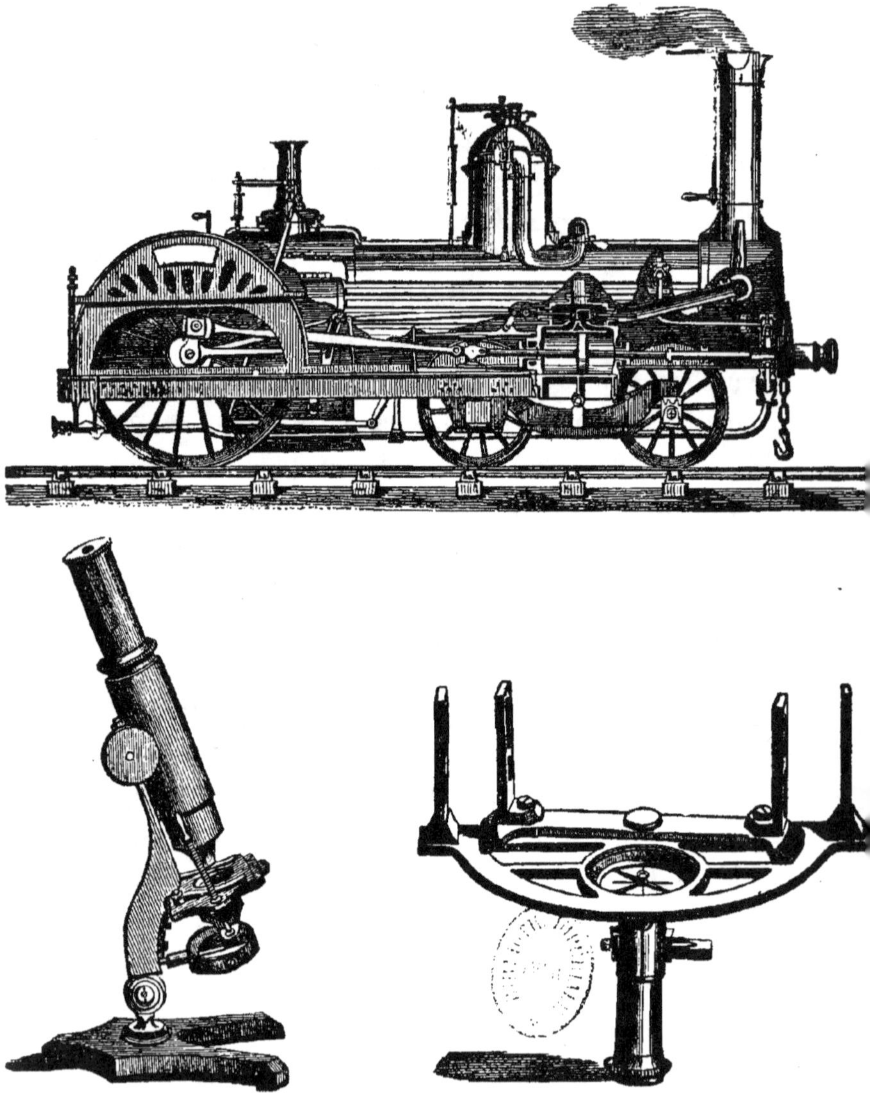

Fᴰ DRIER & Cⁱᴱ, CONSTRUCTEURS 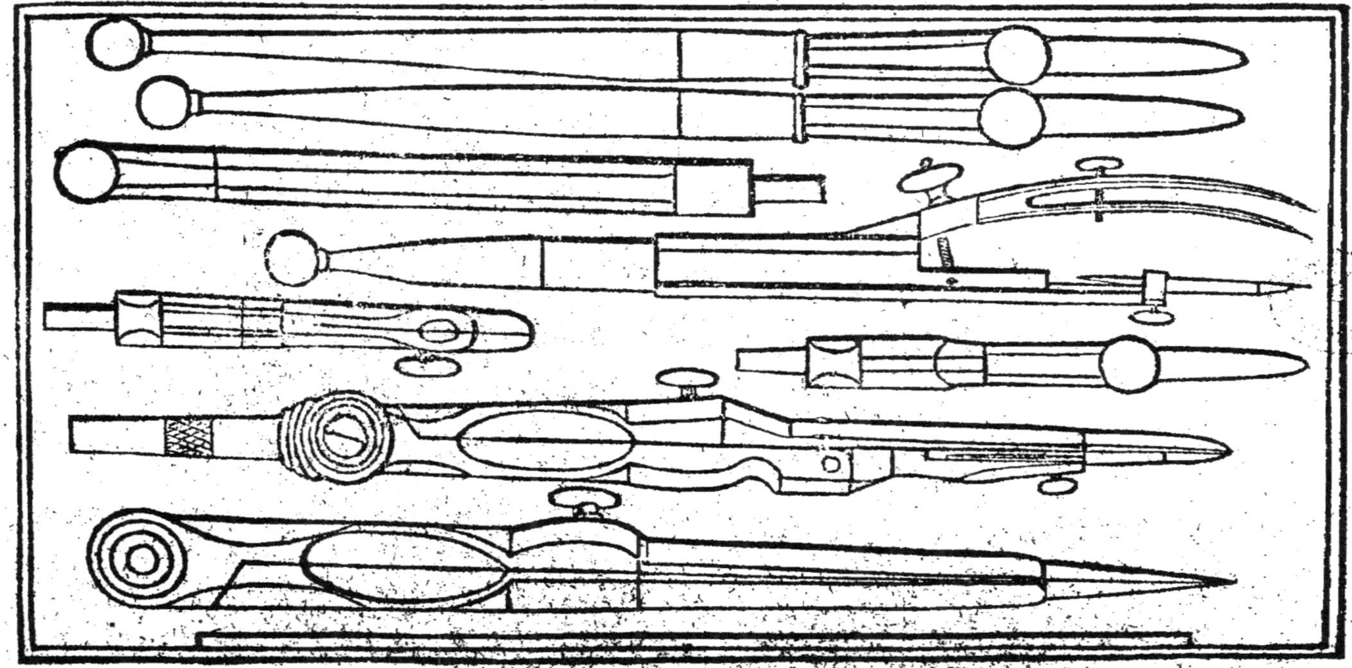
Boîte de Poche en Maillechort.

F^D DRIER & CIE, CONSTRUCTEURS

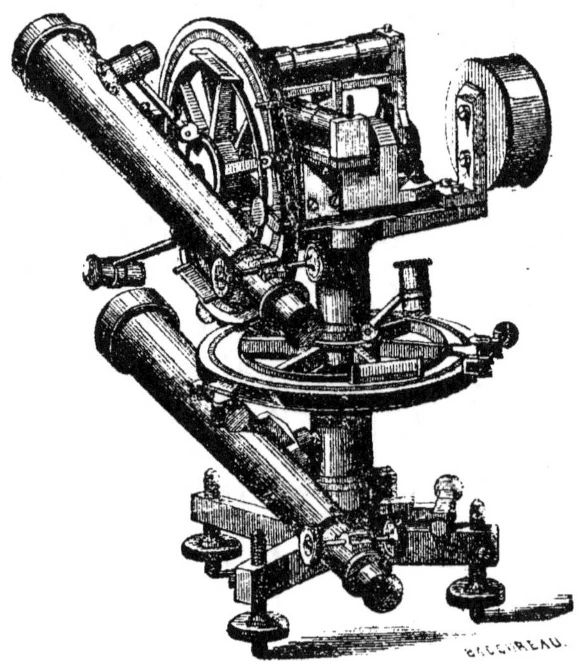

Extrait du Catalogue

PARIS

IMPRIMERIE SERINGE FRÈRES

Place du Caire 2